Thomas Martin

Lyrischer Bodensee

Bibliografische Information der Deutschen Nationalbibliothek: Die Deutsche Nationalbibliothek verzeichnet diese Publikation in der Deutschen Nationalbibliografie; detaillierte bibliografische Daten sind im Internet über dnb.dnb.de abrufbar.

Herstellung und Verlag: BoD – Books on Demand, Norderstedt.

ISBN: 9783750417854

Widmung

Diese Gedichtsammlung ist meiner Heimatstadt

Friedrichshafen, dem Bodensee und allen Fans der

lyrischen Poesie gewidmet, die erste Eindrücke

bereits bei Instagram unter "lyrischerbodensee"

gewonnen haben und uns dazu ermutigt haben,

dieses Projekt zu starten. Viel Freude euch allen!

Ich mag deine liebevolle Art,

du hast mir so manches erspart.

Kummer, Sorgen und auch Hass.

Dank dir macht alles wieder Spaß!

Bitte bleib' doch jetzt für immer hier.

Ein Leben mit der Liebe,

heißt: Enttäuschung, Schmerz -

und mitunter jede Menge Hiebe.

Doch es geht auch immer aufwärts -

vergessen ist dann der ganze Mist,

weil du etwas sehr Besonderes bist!

Stille.

Diese Stille.

Deine Stimme -

sie fehlt so sehr!

Es ist richtig kalt geworden,

der Wind peitscht aus Norden.

Es ist so still, mache mir Sorgen.

Hoffentlich sehen wir uns morgen.

Kannst du meine Sehnsucht verstehen?

Wenn du mich anschaust,

sehe ich Vertrauen nur.

Mit dir ist es Glück pur.

Schön, dass du auf uns baust.

Toll, dass du mir so vertraust.

Wenn Liebe geht durch den Magen.

Wenn ich dich kann alles fragen.

Wenn ich dich im Fernsehen sehe.

Wenn ich dir plötzlich gegenüber stehe.

Ja, dann - ja, dann ist wirklich alles perfekt!

Sehnsucht ist Trumpf,

ohne dich im Sumpf.

Vermisse dich so sehr,

hier am Schwabenmeer.

Die Ruhe vor dem Sturm,

da hinten am Leuchtturm.

Dieser Augenblick - verweile doch.

Ich frage dich: Magst du mich noch?

Die allerletzten Sonnenstrahlen,

wir wandeln auf neuen Pfaden.

Probieren dies und jenes aus,

du bist eine derart süße Maus.

Ja, dich lasse ich nicht mehr gehen!

Liebe ist eine schöne Droge,

nicht nur auf Wangerooge -

nein, sondern auch am See.

Hier an unserem Bodensee,

unserem Schwäbischen Meer.

Dieser Blick, im Hintergrund der See.

Plötzlich huscht ein Hund durchs Bild.

Du bist nicht nur süß, sondern auch wild.

Es ist so schön, wenn ich dich seh'.

Dieses herrlich schöne Lachen - nur du!

Eine Liebe, wie ich sie noch nicht kannte.

Zuvor gegen richtig viele Türen rannte.

Nicht mehr so recht an das hier glaubte,

um mich herum eine Schutzmauer baute.

Und ganz plötzlich warst du für mich da!

NUR SIE.

FÜR IMMER.

GERNE ÜBERALL.

WAHRE LIEBE:

GLÜCK PUR!

LICHT.

SCHATTEN.

STREIT.

VERSÖHNUNG.

TRENNUNG.

SCHMERZ.

LIEBE.

LEIDENSCHAFT.

PARTNERSCHAFT.

UNZERTRENNLICH.

FÜR IMMER.

Deine Augen strahlen wieder vor Glück,

die Lockerheit ist nun endlich zurück.

Du wirkst stark und recht ausgeglichen -

es wird einfach nicht mehr ausgewichen.

Ja, und genau so möchte ich dich sehen!

Dieses echt wunderbare Lachen,

ich liebe richtig schöne Sachen.

Lass uns bitte einfach weitermachen?

Diese Zeit und diese Stimmung - toll!

Mit dir bis an das Ende der Welt?

Ich bin mir sicher, hab' es gleich festgestellt!

Sofort und ohne langes Nachdenken -

Dir, ja dir möchte ich mein Herz schenken.

War's der letzte Sommertag am See?

Kälte, Regen und vielleicht bald Schnee?

Kann mich so gar nicht damit anfreunden,

Werde manch verpasste Chance bereuen.

Denke an so manch schönen Augenblick -

Ich bereue unsere Romanze kein Stück!

Du hast mich einfach weggeschickt,

ich war sehr traurig und total geknickt.

Ich wusste nicht weiter und war down -

ja, keine Frage, ich hatte die Schnauze voll -

und zwar von wirklich allen diesen Frauen.

Auch wenn die Sonne über dem See lacht,

sei so lieb und gib bitte auf dich Acht.

Es lauern noch immer viele Gefahren,

ich habe Angst, möchte dir das ersparen.

Ach, Bregenz, du bist so wunderschön!

Es war richtig toll, dich wiederzusehen.

Es gab gute Gespräche und viel zu lachen,

im Nachbarland - da passieren ja Sachen!

Der Sommer versteckt sich hinter Wolken.

Weißt du, was wir noch alles tun sollten?

Wir hatten noch so viele Pläne und Ziele,

einige realistische und unrealistisch viele.

Der Sommer ist die tollste Zeit.

Obwohl es auch schön ist, wenn's schneit.

Die warme Sonne und der heiße Sand,

verschneite Hügel drüben am Waldrand.

Hinter uns liegen viele richtig heiße Tage,

was ich mich schon die ganze Zeit frage:

Was machen wir, wenn der Herbst kommt?

Und was erst, wenn der Nebel folgt prompt?

Kuscheln wir uns dann ganz gemütlich ein?

Ja, das Leben kann einfach nur schön sein!

Unser Platz auf der Festwiese,

schöne Tage und eine laue Brise.

Die letzten warmen Sonnenstrahlen -

komm los, lass uns gemeinsam Baden.

SEE.

MEER.

MEHR.

SEH'N.

VON.

DIR.

Wenn es über uns rattert und knattert,

wenn dein Kind mit den Ohren schlackert.

Ja, dann sind die Do-Days in der Stadt,

da heißt es: Flugzeuge am Himmel satt.

Mal glitzerst du grün, dann wieder blau.

Mal bist du ganz sanft, dann auch rau.

Ab und an schwimme ich eine Runde,

gestern zu früher, heute zu später Stunde.

Ich fühle mich so wohl an deinem Strand -

egal ob auf Kies, im Rasen oder auf Sand.

Deine Beine, dieser Blick.

Das gibt mir den Kick.

Hübsch und so schlau!

Bald schon meine Frau?

Die Liebe fürs Leben -

auf Wolken schweben.

Sonne über dem See und im Herzen.

Glücklich, zufrieden und keine Schmerzen!

Hier ein Lächeln, da ein kleiner Gruß -

das ist meine Heimat und der Platz,

an dem ich alt werden mag und muss.

DU.

WIR.

JETZT & HIER.

MORGEN?

ÜBERMORGEN?

FÜR IMMER!

AM BODENSEE.

Sollen wir uns ein Tretboot nehmen?

Sollen wir 'ne Runde um die Fontäne drehen?

Sollen wir uns vorher noch ein Eis kaufen?

Sollen wir hinterher noch Spazieren gehen?

Sollen wir heute gemeinsam ins Kino gehen?

Ja, ich liebe dich - kannst du das verstehen?!

Total stressiger Tag im Büro!

Wie erging es dir denn so?

Ich habe dich so vermisst -

Frage mich, wo du gerade bist?

Kann es kaum mehr erwarten,

komm los - lass uns gleich starten.

Schöne Zeit an unserem Platz.

Du schau mal, eine schwarze Katz.

Ich bin glücklich wie noch nie -

vielleicht gehe ich gleich auf die Knie,

stelle dir dann die Frage aller Fragen.

"Noch einen Sekt?", höre ich dich sagen.

Dieses - nein unser - liebstes Fest ist vorbei.

Dabei hatten wir so viel Spaß - also: wir zwei.

Wir saßen im Riesenrad, waren im Saftladen.

Ach, eine Schorle könnt ich noch vertragen.

Ich freue mich schon so aufs nächste Jahr.

Ich bin sicher: es wird wieder wunderbar!

Die schönste Zeit im Jahr,

sie ist so wunderbar.

Mitte Juli ist dieses Fest,

da kommen alle aus dem Nest.

Jeder ist dann unten am See -

ach, das ist toll, was ich da so seh'.

Gewitter und Regen am Bodensee.

Ja, das tut mir schon ziemlich weh.

Ich hatte mich so auf diesen Abend gefreut.

Du bist es, die nun mein krankes Herz betreut.

Heimatliebe pur!

Sei nicht so stur!

Genieß den Augenblick.

Schau nur nach vorn' -

und nicht mehr zurück.

Wenn ich die Fähre und den Katamaran seh'.

Wenn in der Schweiz liegt noch Schnee.

Wenn die Schwäne und Enten kreisen,

möcht' ich nicht mehr vom See weg reisen.

Bodensee - wie ich dich liebe.

Bodensee - wie ich dich schätze.

Bodensee - wo ich so gerne liege.

Bodensee - niemand dich ersetze.

Mit dir an der Uferpromenade entlang -

da geht's mir gut, ist mir keinesfalls bang'.

Da denke ich nur an wunderschöne Dinge,

wenn ich mit dir am See die Zeit verbringe.

Ich bin dankbar dafür - und das jeden Tag!

Ich liebe diese Momente, weil ich dich mag.

Glück, dass ich dich gefunden habe.

Glück, dass die Sonne so herrlich scheint.

Glück, dass unser Sport uns so vereint.

Glück, dass ich an deiner Seite trabe.

Herrlich blaues Wasser.

Ohne dich ist mein Leben

recht arm und viel blasser.

Mit dir ist alles klasse -

du stichst heraus, aus dieser

Menschenmasse!

Sommer, Sonne und dazu dein Lachen.

Mit dir Hand in Hand am See entlang.

Wollen wir einen kleinen Ausflug machen?

Hörst du ihn, diesen wunderbaren Gesang?

Bodensee du wunderbares Meer,

ich kaufe ein Eis und sage: Danke sehr!

Ich schaue erst links und dann nach rechts -

es ist die Heimat, nach der ich mich lechz'.

Schöne Grüße aus dem Lammgarten,

hier kann man eine tolle Aussicht erwarten.

Hier schmeckt das Essen richtig lecker,

das ist etwas für echte Feinschmecker.

Da laben sich die Gäste am kühlen Bier,

ja, so ist's - das gibt's eben nur noch hier!

Sommerzeit an unserem Bodensee.

Breites Grinsen, wenn ich am Ufer steh'.

Liebe Heimat, du bist so unglaublich toll -

hier singe ich nur in Dur und nicht in Moll!

Der Bodensee ist Heimat pur.

Eigentlich fehlst hier nur du -

Sei nicht immer so stolz und stur -

Du bist erholsamer als jede Kur.

Sonnenschein pur und dazu lecker Eis,

du bist einfach nur so verdammt heiß!

Ich bin dankbar für jeden Augenblick,

in meinem Herzen hat es gemacht "klick".

Wenn die Möwen über den See kreisen.

Wenn die Schiffe gen Westen reisen.

Wenn die Sonne scheint über dem See.

Wenn ich lache, weil ich dich wieder seh'.

Du, unser Bodensee und dazu kühler Sekt.

Wo hast du dich nur so lange versteckt?

Ich bin so froh, dass ich dich hab' gefunden.

Ich genieße sie sehr, diese - unsere Stunden.

Unten am Bodensee auf unserer Bank -

fernab von Lärm, Trubel und Gestank.

Ja, dort habe ich dir meine Liebe gestanden.

Und du, ja du, hast mich sofort verstanden.

Du hast genommen meine rechte Hand,

dann sind wir losgegangen - an den Strand.

Oben am Himmel kreisen die Möwen,

unten am Bodensee meine Gedanken.

Ich sollte und muss mich gleich bedanken,

denn wir haben gekämpft wie die Löwen.

Es war wirklich keine einfache Zeit -

aber nun gibt's uns eben nur noch zu zweit.

Dauerregen am Bodensee -

nein, es ist nicht schön, was

ich da in diesen Stunden seh'.

Auch du bist viel zu weit weg -

ich bin traurig hier allein am Steg.

Das Wasser glitzert blau,

du bist hübsch und schlau -

mit dir am Bodensee zu sein,

ach, wie herrlich - ist das fein!

Stürmische Tage, diese eine Frage:

Wann sehe ich dich endlich wieder?

Die Zeit mit dir an unserem See ist ein

echtes Geschenk - kein Tag, an dem ich

nicht an dich denk'! Du fehlst mir sehr.

Oh du mein geliebter Bodensee -

ich freue mich, wenn ich dich seh'.

Du bist etwas Besonderes für mich -

bin ich mal weg, vermisse ich dich!

Links Österreich, rechts die Schweiz -

Sommer: traumhaft schön und so heiß!

Ich denk' an dich und diese tollen Tage -

Schatz: Ich habe gleich mal eine Frage!

Wenn der Katamaran wieder spielend
leicht über den See gleitet.

Wenn die vielen Tretboote um die
Fontäne kreisen.

Ja, dann möchte man eigentlich nicht
mehr verreisen.

Ja, dann steht der Sommer vor der
Türe und es gibt lecker Eis zu beißen.

Sommer hier an unserem Bodensee?

Ach, wie schön, wenn ich das so seh'.

Gut gelaunte Menschen hier und da -

das Leben ist doch toll, nein wunderbar!

Drüben am Ruderverein,

lass das doch lieber sein.

Was ist, wenn sie uns sehen?

Kannst du die Bedenken verstehen?

Hier am See ticken die Uhren anders.

Hast du Lust an den See zu gehen?

Mit dir bleibt die Zeit stehen -

jede Sekunde ist ein Genuss,

wir verstehen uns sogar blind.

Ich freue mich auf unser erstes Kind.

Das Haar blond und schulterlang.

Ich weiß noch, wie das alles begann.

Wir waren Kollegen, dann Freunde.

Unser erster gemeinsamer Sommer.

Ich mag sie, diese nahtlose Bräune.

Ein kaltes Bier im kühlen Schatten.

Mein Rad hatte leider einen Platten.

Plötzlich treffen sich unsere Blicke.

Du bist richtig süß und keine Zicke.

Bist du noch immer sauer auf mich?

Du - es tut mir leid, ich vermisse dich. Hoffe,

du schaust nicht wieder weg?!

Ich warte auf dich, hier am Malereck.

Dich in meinem Arm,

bist mein absoluter Schwarm.

Du bist das ganz große Glück,

einfach mein allerbestes Stück.

Dich lasse ich besser nicht mehr los!

Die Liebe zu unserer Heimat,

zuvor ein sehr schwieriger Spagat.

Nun sind wir endlich wieder vereint,

dabei habe ich es fast vergeigt.

Aber nun schlagen unsere Herzen wieder in

einem Takt - ja, das ist Fakt.

Besser kann das ja nicht laufen,

lass uns diesen Traum kaufen.

Lass uns zusammen ziehen,

Hast mein Herz geklaut, nicht nur geliehen -

hier im tollen Überlingen.

Es ist ein totaler Traum mit dir.

Es wächst etwas heran in mir.

Dabei war ich zunächst ein Stier,

taktlos und mit den Hörnern voran -

Ich weiß noch, wie es in Fischbach begann -

hoffe, du vertraust inzwischen mir.

Nichts ist so, wie sie es sagen!

Du musst nur mein Herz fragen.

Es pocht zufrieden vor dich hin -

darauf aus Hagnau leckeren Gin.

Wetten, dass die das eh nicht raffen?

Lass sie doch reden oder gaffen.

Wir sind füreinander bestimmt -

das mit uns ist Zucker und Zimt.

Wir sind ein glückliches junges Paar.

Das mit dir am Ufer ist so wunderbar.

Die Ruhe vor dem Sturm,

drüben thront der Moleturm.

Wir halten uns aneinander fest,

freuen uns schon sehr aufs Uferfest.

Bis bald, im schönen Langenargen!

Mir fehlt unser Konstanz sehr,

ich kann hier einfach nicht mehr.

Hier ist mir viel zu viel Hektik drin,

am Bodensee macht alles mehr Sinn.

Haben wir uns gerade verpasst?

Bin geknickt - wie so mancher Mast.

Nach diesem entsetzlichen Sturm,

ich stehe unten im Hafen am Turm.

Ein leckerer Schluck Wein,

das Leben kann so schön sein.

Ein guter Tropfen aus Meersburg,

oder lieber aus Reben von Hagnau?

Eigentlich egal: Du bist meine Frau.

Ich schippere mit dem Kat über das ruhige

Blau - und das mit der Frau.

Ja, sie ist ein echter Blickfang -

auch hier an der Hafenhalle entlang.

Die Liebe ist ein wertvolles Gut,

dank dir ist wieder alles fein!

Wie schön kann man nur sein?

Alles beginnt nochmal von vorn,

hier am Bodensee, in Nonnenhorn.

Totale Wohlfühlatmosphäre.

Diese Genießerstimmung.

Glasklare Bergsicht.

Richtig leckere Speisen - wer am

See wohnt, der muss nicht verreisen.

Hallo, ist denn jemand da?

Ja, sehr schön - wunderbar.

Hier lässt es sich super leben,

Inmitten dieser tollen Weinreben.

Muss man das hier nicht lieben,

darüber hab ich Bücher geschrieben.

Hier gewinne ich meine Inspiration,

hier nehm' ich Unwissende aufs Korn.

Die sehen immer nur das Negative,

für mich ist Leben am See pure Liebe.

Hier gehe ich wohl nicht mehr fort,

ich liebe diesen und so manchen anderen Ort -

hier mache ich Sport.

Dort bin ich Zuhaus' - mit einer lieben

Traumfrau, einer richtig süßen Maus.

Hier in Manzell bauen wir ein Haus.

Der Blick auf die verschneiten Berge,

da fühlen wir uns wie kleine Zwerge.

Doch in Wahrheit sind wir groß,

jetzt in dem Augenblick, in Seemoos.

Ich genieße diesen tollen Abend,

an deiner Energie mich sehr labend.

Du bist ein positives Ding durch und durch:

Liebe Grüße aus unserem Aufkirch.